Cocktails

e creativi

50 Ricette con ingredienti freschi

Anna Farigu

Tutti i diritti riservati.

Disclaimer

RICETTE PER COCKTAIL

HEY SEXY LADY

AFFARI DI UN NUOVO ANNO

NUOVI RICORDI

BOMBA DI SHERRY DI PESCA

COLOMBIANA

SALVATAGGIO DI RYAN

RUMSARLA

BACCA BUBBLLY DELLA FRAGOLA

CALVADOS TEARDROP

COCK-A-DOODLE DOO

CITTÀ ROSSO VIOLA

BLOODY MARY

PESCA FUZZ

VODKA MENTA

TORO SANGUINANTE

PUNCH AL LATTE

CAFFÈ FLIP

FLIP CON MARCHIO

MADEIRA MINT FLIP

PICK ME UP POLINESIANO

FRIGORIFERO ALLA CITRONELLA

PUO 'SBOCCIARE FIZZ

SANGRIA

COCKTAIL DELLA COLAZIONE DI NOZZE

MESSICANO

PESCA MIMOSA

PESCA BELLINI

TORSIONE DI UN CACCIAVITE

INTRODUZIONE

Fare ricette di cocktail a casa può essere piuttosto semplice. Anche se potrebbe sembrare intimidatorio, fare un ottimo cocktail è accessibile al 100% e rendere quella bevanda alcolica caratteristica aggiunge infinitamente più divertente a qualsiasi serata!

Se hai voglia di un cocktail di vodka ben fatto, un classico Old-Fashioned o un Negroni meravigliosamente amaro (alla Stanley Tucci!), È probabile che né l'hard seltzer né la ricetta della sangria possano portare a termine il lavoro.

Alcune di queste famose bevande miste richiedono di imparare a usare uno shaker o di rompere il frullatore: ciao, ghiaccio tritato perfetto! - ma è divertente da praticare e ti garantirà entusiasti assaggiatori volontari. D'altra parte, molte ricette di cocktail classici richiedono solo due o tre ingredienti e alcuni non necessitano nemmeno di attrezzature speciali. Un cocktail facile mescolato insieme dopo una lunga settimana può fare molto per farti sentire un po 'più civile.

Di seguito sono elencate le migliori delle nostre migliori ricette di cocktail: divertenti, fantasiose e ovunque nel mezzo! Prendi dei mixer, degli agrumi freschi e il tuo liquore preferito e scuotiti!

Alcuni semplici suggerimenti per iniziare

- Usa liquori di prima qualità.
- O raffreddali nel tuo frigorifero o riempilo con ghiaccio e acqua. Raffreddando il bicchiere, assicuri che il cocktail rimanga piacevolmente fresco fino all'ultimo sorso.
- Usa un jigger di alta qualità.
- Quando agiti, usa molto ghiaccio.
- Scuoti, scuoti e scuoti ancora.
- Usa bicchieri piccoli.
- Usa ingredienti freschi.
- Usa bicchieri di qualità.
- Quando mescoli cocktail con ingredienti frizzanti - spumante, soda club o acqua frizzante - assicurati di aggiungerli all'ultimo secondo.

SERVIZIO SEGRETO

I servizi segreti sono le più antiche forze dell'ordine federali d'America, originariamente create nel 1865 per eliminare la contraffazione dilagante al fine di stabilizzare il giovane sistema finanziario americano. Non dirlo a nessuno di questo. Mantieni la ricetta per te e concediti azioni segrete.

Quello che ti serve

- 3 once di London dry gin
- 1 oncia di Cocchi Aperitivo Americano
- 2 gocce di Angostura bitter
- Acqua tonica

Come mescolare e guarnire

a) Riempire lo shaker con ghiaccio.
b) Aggiungere tutti gli ingredienti.
c) Mescolare.
d) Filtrare in un bicchiere da martini freddo.

TARTUFO IN SU

4000 anni insieme. Il tartufo, prezioso fungo sotterraneo, ha origini antichissime al tempo dei Sumeri e dei Babilonesi. Alziamo un bicchiere per brindare al lavoro instancabile dei fratelli, che da generazioni hanno fiutato disinteressatamente i tartufi sotterranei!

Quello che ti serve

- 3 1/2 once di cognac
- Splash Grand Marnier
- 7 fette sottilissime di tartufo nero
- Decorazione: sciroppo al burro
- Decorazione: panna montata al burro

Come mescolare

a) Riempire lo shaker con ghiaccio.
b) Aggiungere il cognac, il succo di lime e il Grand Marnier e 2 fette di tartufo nero.
c) Agitare.
d) Filtrare in un bicchiere freddo.

Come guarnire

a) Guarnire con le restanti cinque fette di tartufo nero, sciroppo al burro e panna montata al caramello

BOLLE CIGNO

Questo cocktail Bubbly Swan è facile da preparare, rinfrescante e ottimo per il brunch o prima di cena. Il cocktail è un grazioso promemoria che ci meritiamo tutti un nuovo inizio e di muoverci da qualsiasi posizione in cui ti senti impotente e in balia delle forze esterne. Black Swan porta con sé una verità contrastante: proprio questa, e hai il potere di cambiare qualsiasi situazione svantaggiosa.

Quello che ti serve:
- 1 bottiglia di champagne brut (il tipo più secco)
- 10 once di acqua.
- $\frac{1}{2}$ oncia di succo di limone appena spremuto
- Spruzzata di succo di melograno
- 1/4 tazza di lamponi
- 1 cucchiaio di fiori viola commestibili

Come mescolare e guarnire
- a) Mettere i lamponi, il succo di limone, il succo di melograno e l'acqua in un frullatore o in un robot da cucina. Frullare fino a che liscio.
- b) Versare 1 o 2 cucchiai di purea sul fondo di una flûte da champagne e aggiungere lo champagne.
- c) Guarnire con le violette commestibili
- d) Con un cucchiaio lungo, mescolare molto delicatamente

D .B. BOTTAIO

Si dice che questa sia la bevanda che DB Cooper si versò dopo quel leggendario giorno del 1971.

Quello che ti serve

- 1 oncia di bourbon a tua scelta
- 10 ml di pimento e cocco dram
- 4 gocce di amaro floreale
fatto in casa

Come mescolare e guarnire

a) Riempire lo shaker con ghiaccio.
b) Aggiungere il bourbon e il bicchierino
c) Mescolare.
d) Aggiungere gli amari floreali e servire.

POTERE NERO

Questo cocktail nero cigno è così irresistibilmente bello e anche molto maturo per l'interpretazione artistica. Puoi aggiungere piume commestibili come un moderno cappello a cilindro per questa semplice bevanda strutturata.

Quello che ti serve:
- 2,5 once di vodka nera
- 1/2 oncia di crème de noyaux
- 3/4 di oncia di succo di lime appena spremuto
- 6 once di succo della passione
- Un pizzico di carbone attivo in polvere
- $\frac{1}{4}$ di tazza di more sbucciate
- Piuma nera commestibile o 1 rametto di rosmarino
- Cubetto di ghiaccio

Come mescolare e guarnire
a) In uno shaker aggiungi la tua crème de noyaux, il succo della passione, il succo di lime e la vodka nera. Dagli una scossa per 30 secondi.
b) Aggiungere le more e un goccio di polvere di carbone sul fondo del bicchiere.
c) Versare il cocktail nel bicchiere e mescolare delicatamente.
d) Preparare la piuma commestibile e metterla nel bicchiere (opzionale).
e) In alternativa guarnire con il rametto di rosmarino

Per la piuma commestibile
Quello che ti serve:
- Fondente nero
- Tagliapiuma
- Strumento di venatura
- Pluriball

Come prepararsi
a) Su una superficie, stendete la pasta di zucchero. Ritaglia le forme delle piume usando il cutter.
b) Utilizzare lo strumento per le venature per creare delicatamente una rientranza al centro della piuma.
c) Quindi, striare entrambi i lati della piuma con un movimento verso l'alto, il più delicatamente possibile.
d) Sul bordo esterno di ogni piuma, premere lo strumento di venatura un po 'più in profondità e tagliare il fondente in alcuni punti. Quindi, usa il dito per separare leggermente il fondente per farlo sembrare più naturale.
e) Posizionare le piume su un vassoio ricoperto di pellicola a bolle. Puoi coprire la superficie su cui stai asciugando il fondente con uno strato di zucchero a velo per evitare che si attacchi.
f) Lasciarli asciugare per una notte o più a lungo fino a quando non si rassodano. Quindi, rimuovere il pluriball e capovolgere delicatamente le piume e lasciarle asciugare sul vassoio per un altro giorno o

due fino a quando non sono completamente asciutte
e per niente flessibili.

SMOOTH CRIMINAL

Picchiami, odiami. Non puoi mai spezzarmi. Mi emozionerai. Non puoi mai uccidermi. Ebreo, fammi causa. Tutti, fatemi. Prendimi a calci, prendimi a calci. Non mi bianco o nero. Colpire liscio ma duro; una delizia peccaminosa mascherata da un innocente frappè. Dedicato a Michael Jackson

Quello che ti serve

- 60 ml di vodka Triple 8 Blueberry
- 1 cucchiaio di panna leggera
- 1 cucchiaio da bar Contratto Bitters
- 1/2 oncia di liquore all'albicocca
- 1/2 oncia di succo di limone
- 1 cucchiaino di granatina
- Dash Angostura bitters

Come mescolare e guarnire

a) Riempire lo shaker con ghiaccio.
b) Aggiungere tutti gli ingredienti.
c) Agitare.
d) Filtrare in un bicchiere da cocktail.

CHARTREUSE E FIORI DI SAMBUCO

Nella mitologia antica, l'albero di Elder è altamente sacro con uno spirito noto come Madre Anziana, che vive all'interno dell'albero. Questo spirito protegge ogni albero anziano e ha la capacità di proteggere e danneggiare. ... In molte antiche leggende l'albero di sambuco è magico e simboleggia buona salute e prosperità. Questo spumante verde lime è il cocktail perfetto per una riunione di famiglia.

Quello che ti serve:
- 1/2 cucchiaino di Chartreuse verde
- 1/2 cucchiaino di cognac
- 4 once di champagne brut freddo
- 2 once di liquore ai fiori di sambuco St. Germain
- $\frac{1}{2}$ oncia di liquore al melone Midori

Come mescolare e guarnire
- a) Versare Chartreuse verde, cognac, liquore ai fiori di sambuco, midori e champagne in una coppa di champagne ghiacciata.
- b) Mescolare delicatamente.
- c) Guarnire con la scorza di limone ritorta.

MAR T INI O'CLOCK A PARIGI

Per celebrare tutti i migliori cocktail bar martini di Parigi. A differenza del trambusto che troverai nei vivaci bar della riva destra, i cocktail bar di Parigi sono i posti migliori per rallentare un po 'e goderti un buon drink.

Quello che ti serve

- 11/2 once di gin
- 1/2 oncia di vermouth dolce
- 1/2 oncia triple sec
- 3 gocce di Angostura o bitter all'arancia
- Decorazione: ciliegia Luxardo o altra ciliegina da cocktail

Come mescolare e guarnire

a) Riempire lo shaker con ghiaccio.
b) Aggiungere gin, vermouth, triple sec e bitter.
c) Agitare.
d) Versare in un bicchiere vecchio stile pieno di ghiaccio.
e) Guarnire con ciliegia Luxardo o altra ciliegina da cocktail

LA LEGGENDA DEL MARASHINO

Le ciliegie al maraschino non sono più quelle di una volta. Erano per adulti, non bambini o dita appiccicose. Alza un bicchiere alla leggenda del Maraschino. Il sapore è secco con un pizzico di dolce, con note di amarena e limone.

Di cosa hai bisogno

- $\frac{1}{2}$ oz (15 ml) di sciroppo di lavanda
- $\frac{1}{2}$ oz di sciroppo al limone
- Bulleit Bourbon
- 2 gocce di liquore al maraschino
- 5 ml di single malt affumicati
- Ciliegie al maraschino

Come mescolare

a) Riempire lo shaker con ghiaccio.
b) Aggiungere i vermouth e il liquore al maraschino.
c) Mescolare.
d) Filtrare in un bicchiere da martini freddo.

Come guarnire
a) Guarnire con una scorza d'arancia e ciliegie al
   maraschino

VERMOUTH A CHIOS

Dedicato ad ogni preziosa lacrima dell'unico mastice dell'isola di Chios ("mastiha"), con un discreto retrogusto di acqua fresca di mastice e legno di lentisco. Lo sciroppo riequilibra l'amarezza e solo un po 'di miele greco dona un tocco dorato!

Quello che ti serve
- 2 once di gin
- 1/2 oncia di vermouth secco
- Sciroppo di zucchero a pizzico
- Miele greco
- 2 gocce di mastiha bitter

Come mescolare
a) Riempire lo shaker con ghiaccio.
b) Aggiungere gin, vermouth, sciroppo di zucchero, miele greco e mastiha bitter.
c) Agitare.

Come servire e guarnire

a) Filtrare in una coppetta Martini fredda.
b) Guarnire con un rametto di menta galleggiante.

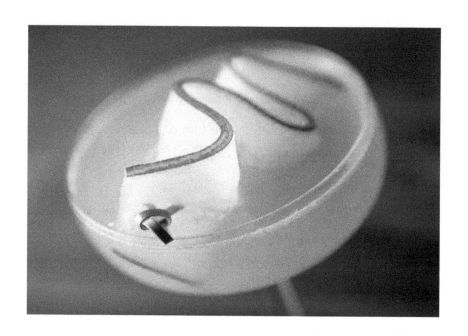

2020

Sicuramente dovresti abbassare uno di questi dopo essere sfuggito alla furia del 2020 e alle sinistre grinfie.

Quello che ti serve

- 1/2 once di vodka al pepe
- 1/2 oncia di vermouth secco
- Cynar
- Grani di pepe di Sichuan
- Un pizzico di pepe Jalapeno
- Un pizzico di pepe di Caienna

Come mescolare e guarnire

a) Riempire lo shaker con ghiaccio.
b) Aggiungere pepe, vermut e cinar.
c) Mescolare.
d) Filtrare in un bicchiere freddo .
e) Guarnire con un peperoncino jalapeno , pepe in grani e un pizzico di pepe di Caienna.

VACANZE D'ORO

I giorni festivi non sono i tempi per niente di
folle! Il piano è quello di rilassarsi di giorno e gustare del
buon cibo e cocktail la sera.

Quello che ti serve:
- 1/2 oncia di bourbon
- 1/2 oncia di Galliano
- 1/2 oncia di crema di cacao
- 1/2 oncia di brandy
- 1 o 2 once di panna dolce
- 1 oncia di liquore allo zenzero

Come mescolare e guarnire
a) Riempire lo shaker con ghiaccio.
b) Aggiungere il bourbon, il Galliano, la crema di cacao, il liquore allo zenzero, il brandy e la panna dolce.
c) Agitare.
d) Filtrare in un bicchiere da cocktail.

DELIZIA CREMOSA DI COMPLEANNO

Cocktail dolce, cioccolatoso, decadente e cremoso per brindare a qualsiasi festeggiata !!

Quello che ti serve:
- 1 oncia di crema di menta
- 1 oncia di panna
- 1 cucchiaino e mezzo di nettare di agave leggero
- 2 cucchiai. sciroppo di cioccolato
- 10 foglie di menta

Come mescolare e guarnire
- a) In uno shaker, pestare la menta e il nettare di agave.
- b) Mescolare tutti gli ingredienti in uno shaker e versare.
- c) Servire

LA MATTINA DOPO

Ideale per un sabato mattina mentre racconti i folli eventi della sera prima con i tuoi amici.

Quello che ti serve:
- 1/2 oncia di brandy aromatizzato al caffè
- 1/2 oncia di liquore al caffè
- 2 oz. RumChata
- 1 cucchiaio. sciroppo di cioccolato

Come mescolare e guarnire

a) Riempire uno shaker con ghiaccio.

b) Aggiungere il brandy al caffè, il RumChata, lo sciroppo di cioccolato e il liquore al caffè.

c) Agitare.

d) Filtrare in qualsiasi tipo di bicchiere.

e) Puoi anche guarnire con panna montata.

AMARI INCONTRANO AMARI

Puoi fare questa bevanda? Non tutti possono. Questa bevanda ha lo scopo di celebrare solo ciò che pochi di noi sanno fare.

Quello che ti serve

- 1/2 once Strane Uncut London Dry Gin (Il padrino del gin)
- 2 gocce di Angostura bitter
- 1 pizzico di Bitter di Peychaud
- 2 gocce di bitter all'arancia

Come mescolare e guarnire

a) Riempire lo shaker con ghiaccio.
b) Aggiungere tutti gli ingredienti
c) Agitare.
d) Filtrare in un bicchiere freddo.

VIOLETTA FORTUNATA

Una bevanda floreale delicata che è così cremosa e liscia che è quasi soffice. Perfetto alla fine di una giornata di successo

Quello che ti serve:
- 1 oncia di succo di limone
- 1/2 cucchiaino di zucchero
- 1 1/2 once di gin
- 1/2 oncia di crema di violetta
- 1/4 oz di sciroppo oxymel infuso di timo e rosmarino
- 3 o 4 gocce di acqua di fiori d'arancio

Come mescolare e guarnire
- a) Riempire lo shaker con ghiaccio.
- b) Aggiungere il succo di limone, lo zucchero, il gin, la crema di violette, lo sciroppo e l'acqua di fiori d'arancio. c. Agita.
- c) Filtrare in un bicchiere highball con ghiaccio.
- d) Riempi con la soda club.

ESSERE IN BUONA SALUTE

Un bicchiere di questa salutare miscela di sidro di mele e cognac è l'ideale per un brunch in una giornata fredda o calda.

Quello che ti serve:
- 2 quarti di sidro di mele
- 1 tazza e 1/3 di succo di limone
- 2 gocce di bitter all'arancia
- 1 1/2 cucchiaino. curcuma macinata
- 6 bastoncini di cannella
- 12 chiodi di garofano interi
- sciroppo d'acero
- 12 pimento intero
- 1 1/2 cucchiaino di noce moscata
- 2 quinti di sherry secco

Come mescolare e guarnire
a) Mettere il sidro di mele, il succo di limone e tutte le spezie in una pentola.
b) Portare a ebollizione.
c) Coprire e cuocere a fuoco lento per 20 minuti.
d) Rimuovere le spezie dalla miscela.
e) Aggiungere lo sherry, lo sciroppo d'acero e il bitter all'arancia
f) Riscaldare fino a poco sotto l'ebollizione.
g) Riempire una ciotola da punch con acqua bollente.

h) Lasciar riposare un minuto per riscaldare la ciotola.

i) Versare l'acqua dalla ciotola del punch.

j) Versare la miscela dal fornello alla ciotola del punch.

k) Guarnire con fettine di mela costellate di chiodi di garofano.

BUONE NOTIZIE

Mi godo a questa bevanda e auguro buona novella a te ea tutti i tuoi parenti.

Quello che ti serve:
- 1 bottiglia di champagne
- 1 barattolo di succo di mirtillo rosso congelato, scongelato
- Mirtilli rossi (congelati)
- 1/2 oncia di liquore all'arancia
- 1 cucchiaino di miele liquido
- timo

Come mescolare e guarnire
a) Versare champagne, miele, liquore all'arancia e concentrato di succo di mirtillo rosso in una ciotola da punch.
b) Mescolare
c) Aggiungere i mirtilli congelati.
d) Decorare con fettine di lime o timo.
e) Servire

FELICE ACCETTAZIONE DELLO ZENZERO

Fai un brindisi a San Patrizio. Beato colui che caccia i serpenti da un paese.

Quello che ti serve:
- 3/4 once di grappa alla menta piperita verde
- Chartreuse verde da 3/4 di oncia
- $\frac{3}{4}$ oncia di whisky irlandese
- Dash Angostura bitters
- Sciroppo di canna da zucchero

Come mescolare e guarnire
a) Riempire lo shaker con ghiaccio.
b) Aggiungi grappa, chartreuse, sciroppo, whisky e bitter.
c) Mescolare.
d) Filtrare in un bicchiere da cocktail.

FESTA DI SAN VALENTINO

Sembra così buono, potrebbe essere considerato un dessert! Dolce come il tuo primo

Quello che ti serve:
- 1 1/2 once di vodka
- 1/2 oncia di liquore al cioccolato
- 1/4 oncia di liquore alla ciliegia
- Petali di rosa commestibili
- $\frac{3}{4}$ oncia di panna
- 1 oz di liquore all'arancia rossa

Come mescolare e guarnire
   a) Riempire lo shaker con ghiaccio.
   b) Aggiungere la vodka, i liquori e la panna.
   c) Agitare.
   d) Filtrare in una coppetta da cocktail ghiacciata
   e) Guarnire con petali di rosa

VUOI SPOSARMI

L'accompagnamento perfetto per una festa di fidanzamento!

Quello che ti serve:
- 1 1/2 oz di vodka
- 1/2 oz di liquore al lampone
- 1/2 oz di sciroppo semplice
- 5 petali di rosa commestibili
- Champagne
- bacche di raspa

Come mescolare e guarnire
a) Versare i liquori e lo sciroppo semplice in una coppetta da cocktail
b) Versare lo champagne
c) Ga rnish con petali di rosa e raspa bacche.

JOLLY GOOD FELLOW

Ideale per festeggiare un bravo ragazzo!

Quello che ti serve:
- 4 once di succo d'arancia
- 1 pesca o nettarina
- 6 gocce di acqua di fiori d'arancio
- 1 albume d'uovo
- Tequila
- Granatina Dash
- 3 once di ghiaccio
- Cubetti di ghiaccio
- 2 once di tequila

Come mescolare e guarnire
a) Versare il succo, la frutta e la granatina in un frullatore con ghiaccio.
b) Frullare fino a ottenere un composto omogeneo.

HEY SEXY LADY

Per gli amanti del gin e dei romantici senza speranza,
mescola questa delizia rosa e sarà amore al primo sorso!

Quello che ti serve:
- 1 oncia di amaretto
- 1/2 oncia di crema di cacao
- 1 oncia di gin
- 1 oncia di panna
- Dash bitter

Come mescolare e guarnire
a) Riempire lo shaker con ghiaccio.
b) Aggiungere l'amaretto, la crema di cacao, il gin, il
bitter e la panna.
c) Agitare.
d) Filtrare in un bicchiere cordiale.

AFFARI DI UN NUOVO ANNO

Questo incredibile cocktail di liquore al caffè combina liquore al caffè, succo d'arancia e brandy, guarnito con una fetta d'arancia e frutti di bosco per alcune vibrazioni da cocktail fruttate extra. Perfetto per il primo dell'anno!

Quello che ti serve:
- 1/2 oncia di caffè espresso
- 1/2 oncia Grand Marnier
- 1 1/2 oncia di tequila d'argento
- 1/2 oncia di succo d'arancia
- 1 oncia di liquore alla mora (opzionale)
- Fetta d'arancia (facoltativa)

Come mescolare e guarnire

a) Versare l' espresso , il Grand Marnier, la tequila argentata, il liquore di more e il succo d'arancia nello shaker.

b) Versare il ghiaccio tritato in un bicchiere da champagne a piattino profondo.

c) Guarnire con fetta d'arancia.

NUOVI RICORDI

Come quel gelato che amavi da bambino, più il vantaggio aggiuntivo che deriva dall'età adulta. Non c'è bevanda migliore di questa da sorseggiare ricordando i bei tempi che sembrano troppo lontani.

Quello che ti serve:
- 3/4 once di crema di menta
- 5 once di cioccolato semidolce, tritato grossolanamente
- 3/4 once di crema di cacao
- zucchero
- 4 foglie di menta

Come mescolare e guarnire
- a) Riempire lo shaker con ghiaccio.
- b) Aggiungere la crema di menta, i pezzi di cioccolato e la crema di cacao . Agita.
- c) Filtrare la miscela in un bicchiere.
- d) Guarnire con foglie di menta

BOMBA DI SHERRY DI PESCA

La pesca finì per essere associata a ricchezza, salute, abbondanza e longevità. La pesca è anche conosciuta come un simbolo del feng shui. In Cina, la "fortuna dell'amore" viene spesso definita "fortuna dei fiori di pesco. Anche se questi frutti possono essere trovati in ottima forma da aprile a ottobre, saranno al loro meglio da giugno fino alla fine di agosto. Possono anche essere trovato in qualsiasi momento in un bicchiere di sherry alla pesca!

Quello che ti serve

- 1 bottiglia di champagne extra dry
- 1 lattina di nettare di pesca
- 1/2 oncia di foglie di basilico schiacciato (circa 8 foglie)
- 1 oncia di aceto di sherry
- 10 once di acqua

Come mescolare e guarnire

a) Versare lo champagne nel bicchiere pieno per 2/3.

b) Riempi il resto della classe con nettare di pesca, aceto di sherry e acqua.

c) Aggiungere il basilico e mescolare

COLOMBIANA

Ha un sapore migliore quando indossi un abito bianco e un grande cappello mentre celebri il patrimonio culturale ricco e i diversi paesaggi della Colombia .

Quello che ti serve

- 1 $\frac{1}{2}$ oz di rum colombiano invecchiato
- $\frac{1}{4}$ oz sciroppo al frutto della passione Marie Brizard
- 2 once di aranciata di sangue
- 12 once di Ginger Ale
- 10 grammi di tamarindo

Come mescolare e guarnire

a) Riempire lo shaker con ghiaccio.
b) Aggiungere tutti gli ingredienti.
c) Agitare
d) Filtrare

GENIO FUORI UNA BOTTIGLIA

Il genio si sedette sul trono di Salomone nel suo palazzo e
regnò sul suo regno, costringendo Salomone a diventare
un vagabondo. Dio ha costretto il genio a gettare l'anello
in mare. Solomon lo recuperò e punì
il genio imprigionandolo in una bottiglia.

Quello che ti serve

- 2 once di gin
- 1/2 oncia di sherry fino
- Sciroppo semplice di petali di rosa
- 1 a $1\frac{1}{2}$ oz. (30-45 ml) Destilador blanco tequila
- $\frac{1}{2}$ oz. (15 ml) agave aromatizzata all'arancia
- Liquore Ancho Reyes

Come mescolare e guarnire

a) Riempire lo shaker con ghiaccio.
b) Aggiungere tutto e mescolare.
c) Filtrare in un bicchiere.

Per lo sciroppo semplice ai petali di rosa:

- 1 tazza di petali di rosa selvatica freschi lavati (o
1/3 di tazza di petali secchi, per uso alimentare -
disponibile nella sezione sfusa dei mercati gourmet)
- 1 tazza di zucchero
- 1 tazza d'acqua

- 1 cucchiaino di succo di limone

SALVATAGGIO DI RYAN

Prende il nome da un vero soldato di nome Fritz Niland e da una direttiva del Dipartimento della Guerra degli Stati Uniti `` unico sopravvissuto '' progettata per impedire alle famiglie di perdere tutti i loro figli

Quello che ti serve

- Curacao
- Sriracha Bitters
- 10 ml di succo
- 10 ml di liquore al timo Castro

Come mescolare e guarnire

a) Versare una quantità sufficiente di curacao nel bicchiere da cocktail pre - freddo per rivestire i lati.
b) Twi rl bicchiere e ricoprire con curacao.
c) Riempire lo shaker con ghiaccio.
d) Aggiungere gli altri ingredienti.
e) Mescolare.
f) Filtrare nel bicchiere.

RUMSARLA

Il poco conosciuto Marsala è un vino liquoroso prodotto in Sicilia. Il marsala è più comunemente usato in cucina per creare salse caramellate ricche e ricche di noci. Qui il Marsala incontra il rum e lo zenzero e il risultato è sorprendentemente buono!

Quello che ti serve

- Marsala secco da 3/4 di oncia
- Domaine de Canton Ginge r Liquore
- 30 ml di acqua di cocco giovane
- 45 ml di rum speziato
- 250 grammi di rum scuro

Come mescolare e guarnire

a) Riempire lo shaker con ghiaccio.
b) Aggiungere tutti gli ingredienti.
c) Mescolare.
d) Strai n in un bicchiere

BACCA BUBBLLY DELLA FRAGOLA

Il cocktail Strawberry Bubbly Berry è facile
da preparare, rinfrescante e ottimo per il brunch o prima
di cena.

Quello che ti serve
- 1 tazza di fragole sbucciate - fresche o congelate
- $\frac{1}{2}$ oncia (1 cucchiaio) di succo di limone appena spremuto
- bottiglia (750 ml) champagne brut
- 10 once di acqua

Come mescolare e guarnire
a) Mettere le fragole, il succo di limone e l'acqua in un frullatore o in un robot da cucina. Frullare fino a che liscio.
b) Versare 1 o 2 cucchiai di purea sul fondo di un flûte da champagne e aggiungere lo champagne. Con un cucchiaio lungo, mescolate molto delicatamente
c) Sorseggia!

CALVADOS TEARDR OP

Prende il nome dai fichi; un frutto unico che ricorda una lacrima la cui polpa è rosa e ha un sapore dolce e delicato e una buccia viola o verde commestibile

Quello che ti serve

- 1 1 I / 2 oz gin
- 1/2 oncia di Calvados
- 1/2 oncia di succo di limone
- sciroppo semplice di foglie di fico
- 1/8 di libbra di fichi turchi (essiccati; a dadini)
- 1/4 libbra di fichi missionari (essiccati; a dadini)
- 1 oncia di bourbon infuso di fichi

Come mescolare e guarnire

a) Per fare lo sciroppo semplice, unire lo zucchero, l'acqua e le foglie di fico in un pentolino e portare a ebollizione a fuoco medio. Cuocere fino a quando lo zucchero non si sarà sciolto, circa 5 minuti. Togliete dal fuoco e lasciate riposare finché non si raffredda. Eliminare le foglie di fico e trasferirle in un piccolo contenitore di vetro.

b) In uno shaker, pestare i fichi. Aggiungi ghiaccio, gin, calvados, succo di limone e sciroppo semplice.

c) Agitare energicamente

d) Filtrare in un bicchiere da martini freddo.

COCK-A-DOODLE DOO

Cock-a-doodle doo! Svegliati e goditi l'estate. Prepara questa bevanda da sogno con tanto ghiaccio, un bicchiere alto e siediti su una grande poltrona!

Quello che ti serve:
- 1 1/4 once 151 rum a prova di
- 1/2 oncia di crème de noyaux
- 6 once di succo della passione
- Spruzzata di succo di melograno
- Fette d'arancia

Come mescolare e guarnire

a) Costruire in un bicchiere Collins con ghiaccio.
b) Divertiti!

CITTÀ ROSSO VIOLA

Il colore profondo, ricco, rosso / viola della barbabietola simboleggia il cuore, il sangue e l'amore. ... Non solo diffondono l'amore, ma creano anche una sensazione di relax e benessere.

Quello che ti serve

- Spruzzata di liquore al lampone
- 3 once di vodka
- 1 oncia di succo di barbabietola rossa fresca
- 1 oncia di amaro
- 1 cucchiaino da tè di pimento
- Chambord

Come mescolare e guarnire

a) Riempire lo shaker con ghiaccio.
b) Aggiungere tutti gli ingredienti
c) Agitare.
d) Filtrare in un bicchiere.

BLOODY MARY

Dì Bloody Mary tre volte prima di andare a dormire. Quando ti svegli la mattina, assicurati di averne uno.

- 1 1/2 once di vodka (o vodka pepata per le spezie)
- 3 once di succo di pomodoro
1/2 oncia di succo di limone Un pizzico o due salsa Tabasco
- Un pizzico o due salsa Worcestershire
- Un pizzico di sale di sedano

- Pizzico di pepe

- Tamponare di rafano

Raffredda uno shaker.

Aggiungere la vodka, il succo di pomodoro, il succo di limone, la salsa Tabasco e la salsa Worcestershire.

Aggiungere sale, pepe e rafano a piacere.

Versare in un bicchiere Collins o in un boccale di birra freddo.

Guarnire con una fetta di lime o un gambo di sedano. Preferito anche come contorno: fagiolini sottaceto, baccelli di gombo e olive ripiene all'aglio.

PESCA FUZZ

Morbido e lanuginoso, il siero perfetto per portare il piatto sulla sposa di tuo fratello

- 3 pesche mature

- 6 once di limonata rosa

- 6 once di vodka

- Cubetti di ghiaccio per riempire il frullatore

Metti le pesche, la limonata rosa, la vodka e il ghiaccio in un frullatore.

Frullare fino a quando la glassa sarà schiacciata.

Mettere in freezer per quattro ore.

Versare in bicchieri highball.

(Per 6 persone)

VODKA MENTA

Attenzione: uno strumento spesso utilizzato per gli interrogatori materni dal viso dolce.

- 6 once di limetta congelata

- 6 once di vodka

- 17 foglie di menta

Unisci limeade, vodka e foglie di menta con abbastanza ghiaccio da riempire il frullatore.

Frullare alla massima velocità fino a ottenere un composto fangoso. Versare in bicchieri da cocktail.

Guarnire con fettine sottili di lime e foglie di menta. (Per 4 persone)

TORO SANGUINANTE

Per la mattina dopo. Risolve i problemi dell'addio al nubilato fuori controllo di ieri sera.

- 10 1/2 once di consommé

- 24 once di succo di pomodoro

- 3 cucchiai di succo di limone

- 2 cucchiai di salsa Worcestershire

- 1 cucchiaino di sale di sedano

- 1 cucchiaino di sale all'aglio

- 2 cucchiaini di sale

- 9 once di vodka

Mescola tutti gli ingredienti in una caraffa.

Servire in bicchieri highball con ghiaccio. (Per 6 persone)

PUNCH AL LATTE

Una bevanda davvero vecchia scuola, servita a matrimoni e brunch nel corso dei decenni.

- 8 once di latte freddo

- 1/2 oncia di bourbon

- 3/4 once di crema di cacao

Riempi lo shaker con ghiaccio.

Aggiungere il latte, il bourbon e la crema di cacao.

Agita.

Versare in un calice.

CAFFÈ FLIP

Wow. Questo fa correre le ragnatele urlando.

- 1 oncia di cognac

- 1 oncia di porto fulvo

- 1 uovo piccolo

- 1 cucchiaino di zucchero

Riempi lo shaker con ghiaccio.

Aggiungi cognac, porto, uovo e zucchero.

Agita.

Filtrare in un bicchiere delmonico freddo.

Spolverare con noce moscata.

FLIP CON MARCHIO

Ha un sapore così buono che farai le ruote e le capriole fino alle quattro.

- 1 oncia di brandy

- 1 oncia di brandy aromatizzato all'albicocca

- 1 uovo piccolo

- 1 cucchiaino di zucchero

Riempi lo shaker con ghiaccio.

Aggiungi brandy, uova e zucchero.

Agita.

Filtrare in un bicchiere Delmonico ghiacciato.

Spolverare con noce moscata.

MADEIRA MINT FLIP

Madeira, mia cara?

- 1 1/2 oncia di Madeira

- 1 oncia di liquore al cioccolato e menta

- 1 uovo piccolo

- 1 cucchiaino di zucchero

Riempi lo shaker con ghiaccio.

Aggiungi la Madera, il liquore, l'uovo e lo zucchero.

Agita.

Filtrare in un bicchiere Delmonico ghiacciato.

Spolverare con noce moscata.

PICK ME UP POLINESIANO

No, questo non significa portare una vergine al vulcano.

Il tuo destino è molto più piacevole.

- 4 once di succo di ananas

- 1 1/2 once di vodka

- 1/2 cucchiaino di curry in polvere 1/2 cucchiaino di succo di limone 1 cucchiaio di panna

- 2 gocce di salsa Tabasco

- 4 once di ghiaccio tritato

Versa tutti gli ingredienti in un frullatore.

Frulla per 10 secondi ad alta velocità.

Versare in un bicchiere vecchio stile freddo.

Spolverare con pepe di Caienna.

FRIGORIFERO ALLA CITRONELLA

Per un brunch senza zanzare garantito

- 1 oncia di vodka agli agrumi

- Un pizzico di succo di lime

- 2 once di limonata fredda

- 1 oncia di succo di mirtillo rosso freddo

Prepara la vodka, il succo di lime, la limonata e il succo di mirtillo rosso in un bicchiere Collins.

Completare con una spruzzata di lime fresco.

PUO 'SBOCCIARE FIZZ

Dolcemente inebriante come i fiori primaverili. I tuoi ospiti possono semplicemente scatenarsi intorno al Polo di maggio.

- 1 cucchiaino di granatina

- 1/2 oncia di succo di limone

- 1 oncia di soda club

- 2 once di punsch

Riempi lo shaker con ghiaccio.

Aggiungi granatina, succo di limone, soda club e punsch.

Agita.

Filtrare in un bicchiere vecchio stile.

Completare con la soda.

SANGRIA

Ambiente perfetto: brocca per due, Melrose Avenue, una notte di infinite possibilità.

- 1/5 di vino rosso secco

- 1 pesca matura

- 6 fette di limone

- 1/2 oncia di cognac

- 1 oncia triple sec

- 1 oncia di liquore al maraschino

- 1 cucchiaio di zucchero

- 1 arancia intera

- 6 once di soda club refrigerata

Versare il vino in una caraffa di vetro.

Aggiungere la pesca sbucciata e affettata e le fettine di limone.

Aggiungere il cognac, il triple sec, il liquore al maraschino e lo zucchero.

Mescola per sciogliere lo zucchero.

Metti con cura l'arancia nella caraffa. (Vedi sotto.)

Lasciate marinare il composto a temperatura ambiente per almeno 1 ora.

Aggiungi la soda e 1 vassoio di cubetti di ghiaccio alla caraffa.

Agitare.

Versare nei calici da vino.

(Per 6 persone)

(Per l'arancia: tagliare la buccia d'arancia in una lunga striscia, iniziando dall'estremità del gambo e continuando fino a quando la spirale non raggiunge il fondo del frutto. Assicurati di esporre il frutto durante il taglio. Lascia la buccia attaccata al fondo dell'arancia per sospendere la frutta nella caraffa.)

COCKTAIL DELLA COLAZIONE DI NOZZE MESSICANO

Va bene con huevos rancheros e un bagliore da sposa arrossato

- 1 1/2 once di sherry

- 1 uovo

- 1 cucchiaino di zucchero a velo

- Goccia di salsa Tabasco o un pizzico di pepe di Caienna

Riempi lo shaker con sherry, uova, zucchero a velo e salsa Tabasco o pepe di Caienna.

Agita.

Filtrare in una coppetta da cocktail.

PESCA MIMOSA

Una dolce svolta sul classico brunch preferito.

- 1 oncia di grappa alla pesca

- succo d'arancia

- Champagne

Versare la grappa alla pesca in una flûte da champagne.

Aggiungi abbastanza succo d'arancia da riempire metà del bicchiere.

Completare con lo champagne.

PESCA BELLINI

Uno dei preferiti delle spose di giugno più esigenti.

- 1 pesca sbucciata e snocciolata
- Champagne

Frullare le pesche e metterle in una flûte da champagne.

Aggiungi lo champagne.

TORSIONE DI UN CACCIAVITE

Tutti vogliono una svolta.

- 3 1/2 tazze di succo d'arancia

- 4 once di vodka

- 2 cucchiaini di succo di limone

- 2 cucchiaini triple sec

Unisci tutti gli ingredienti in una brocca.

Agitare.

Raffredda in frigorifero.

Versare in bicchieri highball con ghiaccio.

Guarnire con fettine d'arancia.

(Per 4 persone)

Lightning Source UK Ltd.
Milton Keynes UK
UKHW020756220421
382425UK00006B/56

9 781801 976541